# 101

WEGE, UM ALS

# Buchhalter
## nicht durchzudrehen

*Das lustige Geschenkbuch mit Überlebenstipps für den täglichen Wahnsinn zwischen Zahlenchaos, Belegbergen und Jahresabschluss*

SOLL · HABEN · HUMOR

ZUM GELEIT

# Bevor du loslegst

Dieses Buch liegt vermutlich nicht zufällig in deinen Händen. Entweder hat dir jemand damit sagen wollen: Ich sehe, was du leistest. Oder du hast es dir selbst gekauft, irgendwo zwischen Umsatzsteuervoranmeldung und der dritten Rückfrage zum selben Beleg. Beides sind gute Gründe.

Buchhaltung ist ein Beruf mit eingebautem Widerspruch. Nach außen wirkt er ruhig, geordnet, fast meditativ. Von innen fühlt er sich oft an wie Jonglieren mit Aktenordnern auf einem Hochseil, während unten jemand ruft, ob das nicht schneller geht.

Die 101 Wege auf den folgenden Seiten sind keine Wundermittel und keine Vorschriften. Es sind Beobachtungen, Tricks und Gedanken aus dem echten Alltag, mal augenzwinkernd, mal ganz ernst gemeint. Manche kennst du längst und nickst. Andere probierst du vielleicht morgen aus. Ein paar wirst du belächeln, und genau dafür sind sie da.

Am Ende jedes Weges findest du einen kleinen Praxis-Kasten mit Tipps zum direkten Anwenden. Klein gehalten, absichtlich. Große Pläne scheitern in diesem Beruf an der nächsten Frist. Kleine Gewohnheiten überleben sie.

ZUM GELEIT

# Wie du dieses Buch benutzt

Du kannst es von vorn nach hinten lesen, klar. Du kannst es aber auch behandeln wie deinen Kontenrahmen: gezielt aufschlagen, was du gerade brauchst. Belegärger? Teil 2. Der Chef will mal wieder nur kurz eine Auswertung? Teil 3. Der Jahresabschluss naht und mit ihm das Augenzucken? Teil 5 und danach direkt Teil 9.

Eine Bitte: Lies es nicht in einem Rutsch durch und leg es dann ins Regal zu den Fachbüchern, die du seit der Prüfung nicht mehr angefasst hast. Lass es auf dem Schreibtisch liegen. Schlag an zähen Tagen eine zufällige Seite auf. Dafür ist es gebaut.

Noch ein Wort zur Anrede: Hier steht durchgehend Du, ob du nun Buchhalterin, Buchhalter, Bilanzbuchhalter, Steuerfachangestellte oder der einzige Mensch im Betrieb bist, der weiß, wo die Eingangsrechnungen wohnen. Gemeint bist du in jedem Fall.

Und jetzt: Kaffee holen, zurücklehnen, umblättern. Der Stapel wartet sowieso. Er ist geduldig. Geduldiger als du, und das darf er auch bleiben.

ÜBERSICHT

# Neun Teile, ein Ziel: Nerven behalten

TEIL

# 1

## Der Morgen entscheidet

*Wie du den Tag beginnst, bevor er dich beginnt*

Wege 1 bis 11

WEG NR. 1

TEIL 1 · DER MORGEN ENTSCHEIDET

1

# Begrüße deinen Schreibtisch wie einen alten Bekannten

Der Stapel von gestern liegt noch da. Natürlich liegt er noch da. Papier hat keine Beine, und die Putzkolonne nimmt grundsätzlich nichts mit, was nach Arbeit aussieht.

Statt zu seufzen: Nicke ihm kurz zu. Ihr kennt euch. Ihr werdet heute wieder miteinander auskommen müssen. Wer den Stapel als Gegner sieht, verliert schon vor dem ersten Kaffee.

**PRAXIS-TIPP**

- Räume jeden Morgen genau eine Sache vom Tisch, bevor du den Rechner startest. Eine reicht.
- Lege das Hässlichste nach oben. Was du zuerst siehst, erledigst du eher.

2

# Trink den ersten Kaffee ohne Bildschirm

Die Mails laufen nicht weg. Sie vermehren sich zwar, aber sie laufen nicht weg. Die ersten zehn Minuten gehören dir, nicht dem Posteingang.

Wer mit dem Becher in der Hand direkt ins Postfach springt, gibt die Tagesplanung an wildfremde Absender ab. Das hat noch nie geendet, wie es sollte.

**PRAXIS-TIPP**

- Handy bleibt in der Tasche, bis der Becher leer ist.
- Notiere in der Kaffeezeit die drei Dinge, die heute wirklich zählen.

WEG NR. 3

TEIL 1 · DER MORGEN ENTSCHEIDET

3

# Plane den Tag, bevor der Tag dich plant

Ohne Plan wirst du zur Anlaufstelle für alles, was anderen gerade einfällt. Mit Plan kannst du wenigstens sagen, was liegen bleibt, wenn etwas dazwischenkommt.

Drei Punkte auf einem Zettel schlagen jede ausgeklügelte App, die du nach zwei Wochen nicht mehr öffnest.

**PRAXIS-TIPP**

- Maximal drei Hauptaufgaben pro Tag. Alles darüber ist Wunschdenken.
- Plane bewusst eine Stunde Puffer ein. Sie wird gebraucht. Immer.

WEG NR. 4

TEIL 1 · DER MORGEN ENTSCHEIDET

4

# Akzeptiere: Heute kommt etwas dazwischen

Irgendwer findet einen Beleg von vor acht Monaten. Irgendein Konto geht nicht auf. Irgendeine Software braucht genau jetzt ein Update. Das ist kein Pech, das ist Dienstag.

Wer Störungen einkalkuliert, regt sich seltener auf. Wer sie ignoriert, kämpft täglich gegen die Realität. Die Realität gewinnt übrigens jedes Mal.

**PRAXIS-TIPP**

- Blocke dir täglich ein Zeitfenster nur für Unvorhergesehenes.
- Bleibt das Fenster frei: Glückwunsch, geschenkte Zeit für den Stapel.

WEG NR. 5

TEIL 1 · DER MORGEN ENTSCHEIDET

5

# Sortiere nach Schmerz, nicht nach Datum

Was tut am meisten weh, wenn es liegen bleibt? Genau das kommt zuerst. Die Mahnung vom Finanzamt schlägt die Reisekostenabrechnung vom Praktikanten. Jedes Mal.

Chronologisch abzuarbeiten fühlt sich ordentlich an, ist aber oft nur eine elegante Form der Verdrängung.

**PRAXIS-TIPP**

- Frag dich bei jedem Vorgang: Was kostet es, wenn das eine Woche liegt?
- Fristen mit Sanktionen schlagen alles andere. Ohne Ausnahme.

WEG NR. 6

TEIL 1 · DER MORGEN ENTSCHEIDET

6

# Eine ruhige Stunde ist mehr wert als drei laute

Morgens um sieben buchst du in sechzig Minuten mehr weg als nachmittags in einem halben Tag. Nicht weil du dann schlauer bist, sondern weil noch niemand etwas von dir will.

Falls du keine Frühaufsteherin bist: Auch nach Feierabend der anderen kehrt diese Ruhe ein. Such dir dein Fenster und verteidige es.

**PRAXIS-TIPP**

- Reserviere deine ungestörteste Stunde für die kniffligste Arbeit.
- Mails und Telefon bleiben in dieser Stunde aus. Die Welt überlebt das.

WEG NR. 7

TEIL 1 · DER MORGEN ENTSCHEIDET

7

# Der Posteingang ist kein Aufgabenmanager

Eine Mail ist erstmal nur eine Mail. Sie wird zur Aufgabe, wenn du das entscheidest, und nicht, weil jemand auf Senden gedrückt hat.

Wer den Tag im Postfach verbringt, arbeitet die Prioritäten anderer Leute ab. Deine eigenen warten derweil geduldig und werden dabei langsam zu Notfällen.

**PRAXIS-TIPP**

- Feste Mailzeiten: morgens, mittags, vor Feierabend. Dazwischen: zu.
- Was länger als zwei Minuten dauert, wandert auf die Liste, nicht in die sofortige Bearbeitung.

WEG NR. 8

TEIL 1 · DER MORGEN ENTSCHEIDET

8

# Zieh dich an, als würdest du Zahlen ernst nehmen

Niemand verlangt einen Anzug zwischen Aktenordnern. Aber es gibt einen Unterschied zwischen bequem und aufgegeben, und dein Kopf merkt ihn zuerst.

Wer sich morgens fünf Minuten Mühe gibt, sitzt anders am Schreibtisch. Klingt esoterisch, funktioniert trotzdem.

**PRAXIS-TIPP**

- Leg dir für Abschlusstage ein Lieblingsoutfit zurecht. Kleine Rituale tragen weit.
- Homeoffice zählt auch. Jogginghose bucht nachweislich langsamer.

WEG NR. 9

TEIL 1 · DER MORGEN ENTSCHEIDET

9

# Begrüße Kollegen, bevor sie etwas wollen

Ein kurzes Hallo am Morgen ist eine Investition. Wer dich als Mensch kennt, wirft dir später seltener kommentarlos einen Schuhkarton voller Quittungen auf den Tisch.

Außerdem erfährst du beim Plausch an der Kaffeemaschine mehr über anstehende Projekte als in jedem offiziellen Meeting.

**PRAXIS-TIPP**

- Zwei Minuten Smalltalk am Morgen sparen zwei Stunden Ärger im Monat.
- Merk dir eine private Kleinigkeit pro Kollege. Zahlt sich aus.

WEG NR. 10

TEIL 1 · DER MORGEN ENTSCHEIDET

10

# Iss ein Frühstück, das bis mittags hält

Mit leerem Magen werden aus Soll und Haben schnell Schall und Rauch. Konzentration braucht Treibstoff, und der Schokoriegel aus der Schublade ist ein Strohfeuer.

Du musst kein Müsli-Mensch werden. Aber irgendwas Vernünftiges vor der ersten Buchung verhindert, dass du um elf Uhr Zahlen verwechselst.

**PRAXIS-TIPP**

- Deponiere haltbares Notfall-Frühstück im Büro: Nüsse, Haferriegel, was auch immer.
- Großer Becher Wasser neben den Kaffee. Dein Kopf dankt es dir gegen Mittag.

WEG NR. 11

TEIL 1 · DER MORGEN ENTSCHEIDET

11

# Starte mit einem schnellen Erfolg

Erledige als Erstes etwas, das in zehn Minuten fertig ist. Der Haken auf der Liste setzt mehr Energie frei als jeder Motivationsspruch an der Pinnwand.

Danach fällt der Einstieg in die große Brocken leichter. Schwung ist in diesem Beruf eine knappe Ressource. Nutze jede Quelle.

**PRAXIS-TIPP**

- Halte eine Liste mit Kleinkram bereit, der sich für den Tagesstart eignet.
- Der erste Haken vor 8:30 Uhr verändert den ganzen Vormittag.

TEIL

# 2

# Belege: eine Naturgewalt

*Vom Umgang mit Papier, das ein Eigenleben führt*

Wege 12 bis 23

WEG NR. 12

TEIL 2 · BELEGE: EINE NATURGEWALT

# Verstehe: Der Beleg ist scheu

12

Belege tauchen nie dort auf, wo sie hingehören. Sie verstecken sich in Jackentaschen, Handschuhfächern und zwischen den Seiten von Katalogen, die längst im Altpapier liegen sollten.

Wer das als Naturgesetz akzeptiert, jagt entspannter. Wer dagegen ankämpft, verliert Nerven und Haaransatz.

**PRAXIS-TIPP**

- Richte eine zentrale Abgabestelle ein: ein Fach, eine Mailadresse, ein Foto-Upload. Eine.
- Kommuniziere die Abgabestelle so oft, bis dich alle dafür hassen. Dann noch dreimal.

13

# Der Thermobeleg verblasst. Du nicht.

Tankquittungen sind die Eintagsfliegen des Rechnungswesens. Drei Monate Sonne, und das Papier ist so leer wie das Versprechen, künftig alles sofort einzureichen.

Komm dem Verfall zuvor. Was heute lesbar ist, gehört heute gescannt. Morgen ist es vielleicht nur noch ein weißer Zettel mit Knick.

**PRAXIS-TIPP**

- Scanne Thermopapier sofort nach Eingang. Keine Ausnahme.
- Erkläre Vielfahrern das Phänomen einmal in Ruhe. Erstaunlich viele wissen es schlicht nicht.

WEG NR. 14

TEIL 2 · BELEGE: EINE NATURGEWALT

# Bewundere die Kreativität der Knitterkunst

14

Manche Quittungen kommen bei dir an, als hätten sie eine Waschmaschine, einen Hund und eine Existenzkrise hinter sich. Reg dich nicht auf. Staune lieber.

Glätten, scannen, ablegen. Dein Job ist die Buchung, nicht die Erziehung erwachsener Menschen. Letzteres wäre ohnehin aussichtslos.

**PRAXIS-TIPP**

- Schweres Buch über Nacht auf den Knitterbeleg legen. Funktioniert seit Generationen.
- Foto vom schlimmsten Exemplar machen. Für die private Hall of Fame.

15

# Bei fehlendem Beleg: erst fragen, dann verzweifeln

Achtzig Prozent aller verschollenen Belege liegen in einem Mailanhang, den nie jemand geöffnet hat. Weitere fünfzehn Prozent kleben hinten an einem anderen Beleg.

Die restlichen fünf Prozent sind echte Fälle für die Eigenbeleg-Lösung. Aber erst, wenn du wirklich gesucht hast, nicht schon nach dem ersten Stoßseufzer.

**PRAXIS-TIPP**

- Suchroutine festlegen: Mail, Portal, Rückfrage, dann Eigenbeleg. In dieser Reihenfolge.
- Setze eine Frist für Rückmeldungen. Danach läuft das Standardverfahren, ohne Drama.

16

# Eine Bewirtungsquittung ohne Anlass ist ein Rätsel mit Niveau

Vier Personen, ein Steakhaus, kein Name, kein Zweck, Trinkgeld großzügig gerundet. Du bist jetzt Detektivin. Gratulation zur Beförderung.

Schick den Bogen zurück mit freundlicher Bitte um die fehlenden Angaben. Vorgedruckt, ankreuzbar, idiotensicher. Je einfacher das Formular, desto höher die Rücklaufquote.

**PRAXIS-TIPP**

- Vorlage für Bewirtungsangaben erstellen und überall verteilen.
- Unvollständiges wird nicht gebucht, sondern zurückgegeben. Konsequent. Es spricht sich herum.

17

# Schaffe einen Ort für die Unklaren

Es gibt Belege, die sich jeder Kategorie verweigern. Ein Kassenzettel über Gartenzwerge aus dem Baumarkt, eingereicht von der IT. Solche Fälle brauchen ein Zuhause.

Ein Klärungsordner verhindert, dass diese Exoten deinen Arbeitsfluss stoppen. Du buchst weiter und widmest dich den Gartenzwergen gesammelt am Freitag.

**PRAXIS-TIPP**

- Klärungsfälle sammeln und einmal wöchentlich im Block abarbeiten.
- Nichts bleibt länger als zwei Wochen ungeklärt. Dann wird eskaliert oder entschieden.

WEG NR. 18

TEIL 2 · BELEGE: EINE NATURGEWALT

18

# Digitalisiere, was du zweimal angefasst hast

Jeder Beleg, den du öfter als einmal in die Hand nimmst, kostet dich Lebenszeit. Beim zweiten Anfassen sollte er bereits ein Dateiname mit System sein.

Papierarchive sind Heimat von Staub und Suchaktionen. Eine vernünftige Benennung schlägt jeden noch so liebevoll beschrifteten Ordnerrücken.

**PRAXIS-TIPP**

- Einheitliches Namensschema: Datum, Lieferant, Betrag. Fertig.
- Einmal pro Woche den Scanstapel leeren, nicht einmal pro Quartal.

19

# Der Schuhkarton ist eine Kriegserklärung. Bleib diplomatisch.

Irgendwann steht er auf deinem Tisch: der Karton mit zwölf Monaten losem Papier, überreicht mit den Worten, das sei doch schnell gemacht.

Atme. Lächle. Nenne einen realistischen Zeitrahmen und einen Preis in Arbeitsstunden. Wer den Aufwand schwarz auf weiß sieht, sortiert nächstes Jahr plötzlich vor.

**PRAXIS-TIPP**

- Aufwand sofort schriftlich kommunizieren, bevor du auch nur einen Zettel anfasst.
- Biete eine Vorsortier-Anleitung an. Manche nutzen sie sogar.

WEG NR. 20

TEIL 2 · BELEGE: EINE NATURGEWALT

20

# Privatbelege erkennst du am Pizzarand

Zwischen Geschäftsessen und Büromaterial taucht verlässlich die Familienpizza vom Samstag auf. Manchmal aus Versehen, manchmal aus Hoffnung.

Aussortieren, zurückgeben, freundlich bleiben. Ein kurzer Vermerk genügt. Du führst Bücher, kein Tribunal.

**PRAXIS-TIPP**

- Standardsatz zurechtlegen: höflich, neutral, ohne Vorwurf.
- Bei Wiederholungstätern das Gespräch suchen statt der zehnten Rückgabe-Mail.

WEG NR. 21

TEIL 2 · BELEGE: EINE NATURGEWALT

21

# Feiere den perfekten Beleg

Er existiert. Selten, aber er existiert: lesbar, vollständig, richtig zugeordnet, pünktlich eingereicht. Ein Einhorn auf Papier.

Würdige den Moment. Wer nur die Katastrophen wahrnimmt, vergisst, dass manche Menschen sich tatsächlich Mühe geben. Diese Menschen verdienen Lob, schon aus Eigennutz.

**PRAXIS-TIPP**

- Bedanke dich aktiv bei Leuten, die sauber einreichen. Verstärkt das Verhalten.
- Erzähl im Team davon. Vorbilder wirken besser als Mahnungen.

WEG NR. 22

TEIL 2 · BELEGE: EINE NATURGEWALT

# Lerne die Handschriften deines Unternehmens

22

Nach ein paar Jahren liest du Hieroglyphen fließend. Du erkennst am Schwung des Kürzels, wer unterschrieben hat, und am Kaffeefleck, in welcher Abteilung der Zettel lag.

Diese Fähigkeit steht in keiner Stellenbeschreibung. Sie ist trotzdem Gold wert und nebenbei ein hervorragender Partytrick unter Kollegen.

**PRAXIS-TIPP**

- Lege eine kleine Kürzel-Referenz an. Spart Rückfragen.
- Bei wirklich Unlesbarem: anrufen statt raten. Raten rächt sich beim Abschluss.

WEG NR. 23

TEIL 2 · BELEGE: EINE NATURGEWALT

23

# Reisekosten: Glaube nichts, prüfe alles, bleib freundlich

Auf Dienstreisen geschehen Wunder. Taxis fahren Strecken, die es nicht gibt, Hotels berechnen Minibars von biblischem Ausmaß, und Kilometerangaben runden sich von selbst nach oben.

Deine Aufgabe ist Prüfung ohne Anklage. Die meisten Fehler sind Schlamperei, keine Absicht. Behandle sie auch so, dann bleibt das Klima erträglich.

**PRAXIS-TIPP**

- Routenplaner kurz gegenchecken, wenn Kilometer seltsam wirken.
- Korrekturen sachlich begründen. Der Ton entscheidet, ob es Ärger gibt.

TEIL

# 3

# Menschen und andere Variablen

*Kollegen, Chefs und die Kunst, beide zu überleben*

Wege 24 bis 34

WEG NR. 24

TEIL 3 · MENSCHEN UND ANDERE VARIABLEN

24

# Übersetze Chefdeutsch in Machbares

Wenn die Geschäftsführung sagt, sie brauche nur kurz eine kleine Auswertung, meint sie einen mehrdimensionalen Bericht über fünf Jahre, gegliedert nach Kostenstellen, bis morgen früh.

Frag sofort nach: Welcher Zeitraum, welcher Zweck, welches Format? Drei Fragen, die dir Nachtschichten ersparen und dem Chef ein Ergebnis liefern, das er tatsächlich wollte.

**PRAXIS-TIPP**

- Nie mit einer Auswertung beginnen, bevor Zweck und Empfänger klar sind.
- Liefertermin selbst vorschlagen, bevor einer diktiert wird.

WEG NR. 25

TEIL 3 · MENSCHEN UND ANDERE VARIABLEN

25

# Der Vertrieb ist nicht dein Feind. Er rechnet nur anders.

Für den Vertrieb ist ein Auftrag Umsatz, sobald der Kunde gelächelt hat. Für dich ist er Umsatz, wenn die Leistung erbracht und die Rechnung gestellt ist. Zwischen diesen Welten liegt ein Ozean.

Erkläre deine Sicht einmal gründlich statt zwanzigmal genervt. Wer versteht, warum du fragst, liefert dir bessere Informationen.

**PRAXIS-TIPP**

- Ein gemeinsamer Kaffee pro Quartal mit dem Vertrieb wirkt Wunder.
- Erkläre Regeln immer mit dem Warum. Reine Verbote verhallen.

26

# Lass dir den Satz mit den paar Minuten nicht gefallen

Das machst du doch schnell nebenbei: der Klassiker. Nebenbei existiert in der Buchhaltung nicht. Jede Buchung braucht Konzentration, sonst produziert sie Folgearbeit.

Antworte mit einem Termin statt mit einem Ja. Gern, ich nehme es in die Donnerstagsrunde. Das ist kein Nein, klingt aber auch nicht nach Selbstbedienungsladen.

**PRAXIS-TIPP**

- Sammle Kleinaufträge und arbeite sie gebündelt ab.
- Wer Dringlichkeit behauptet, soll sie begründen. Echte Eile erkennt man an Argumenten.

WEG NR. 27

TEIL 3 · MENSCHEN UND ANDERE VARIABLEN

27

# Dokumentiere mündliche Absprachen, bevor sie mutieren

Was im Flur besprochen wurde, hat eine Halbwertszeit von einem Mittagessen. Danach erinnert sich jeder an eine andere Version, und alle Versionen entlasten den jeweiligen Erzähler.

Eine kurze Mail hinterher, zwei Sätze, fertig. Nicht aus Misstrauen, sondern aus Selbstschutz. Dein Gedächtnis ist gut, dein Postausgang ist besser.

**PRAXIS-TIPP**

- Nach jeder relevanten Flurabsprache: Bestätigungsmail in zwei Sätzen.
- Betreff sprechend wählen, damit du es in einem Jahr wiederfindest.

28

# Erkläre nie zweimal dasselbe auf dieselbe Art

Wenn jemand deine Erklärung beim ersten Mal nicht verstanden hat, hilft Wiederholung in identischem Wortlaut exakt gar nichts. Lauter werden übrigens auch nicht.

Wechsle das Bild. Vergleiche das Verrechnungskonto mit einem Durchlauferhitzer oder die Abgrenzung mit einem geteilten Restaurantbesuch. Irgendein Vergleich zündet immer.

**PRAXIS-TIPP**

- Sammle Alltagsvergleiche für deine häufigsten Erklärfälle.
- Frag am Ende, was beim Gegenüber angekommen ist. Nicht ob, sondern was.

29

# Halte dir einen Verbündeten in jeder Abteilung

Du brauchst in jedem Bereich einen Menschen, der dir Dinge ehrlich sagt und Belege auch mal persönlich vorbeibringt. Solche Allianzen entstehen durch Hilfsbereitschaft, nicht durch Organigramme.

Hilf einmal unbürokratisch bei einer Reisekostenfrage, und du hast in der Abteilung eine Stimme, die für dich spricht, wenn du nicht im Raum bist.

**PRAXIS-TIPP**

- Antworten auf einfache Fragen großzügig und schnell geben.
- Namen merken, Geburtstage grüßen, Brücken pflegen.

WEG NR. 30

TEIL 3 · MENSCHEN UND ANDERE VARIABLEN

30

# Der neue Azubi ist eine Investition, kein Hindernis

Ja, die Erklärung kostet jetzt eine Stunde. Aber ein gut eingearbeiteter Mensch nimmt dir nächstes Jahr hundert Stunden ab. Diese Rechnung geht immer auf, und Rechnungen sind dein Fach.

Außerdem stellt der Nachwuchs Fragen, die dich zwingen, deine eigenen Routinen zu begründen. Manchmal merkst du dabei, dass eine davon Unsinn ist.

**PRAXIS-TIPP**

- Erkläre Abläufe einmal sauber und schreib sie dabei gleich auf.
- Lass früh selbständig arbeiten und kontrolliere anfangs eng. Beides gehört zusammen.

WEG NR. 31

TEIL 3 · MENSCHEN UND ANDERE VARIABLEN

# Geduld mit Menschen, Strenge mit Zahlen

31

Andersherum wird es übel. Wer Zahlen durchwinkt und Menschen anfaucht, hat am Ende falsche Bücher und keine Verbündeten. Beides gleichzeitig zu reparieren ist ein Albtraum.

Die Zahl muss stimmen, da gibt es keine Kulanz. Der Mensch, der sie falsch geliefert hat, darf trotzdem freundlich behandelt werden. Das eine hat mit dem anderen nichts zu tun.

**PRAXIS-TIPP**

- Kritisiere den Fehler, nie die Person. Klingt banal, wird ständig verwechselt.
- Bei der Sache hart bleiben heißt nicht, im Ton hart zu werden.

32

# Meetings ohne Agenda sind Spenden deiner Lebenszeit

Eine Stunde Sitzung mit acht Leuten kostet einen Arbeitstag. Das rechnest du schneller im Kopf aus als der Einladende seine Agenda schreibt. Falls er eine schreibt.

Frag vorher nach dem Ziel des Termins. Gibt es keins, gibt es auch keinen Grund für deine Anwesenheit. Ein höfliches Absagen mit Verweis auf den Monatsabschluss wirkt Wunder.

**PRAXIS-TIPP**

- Ohne Agenda keine Zusage. Freundlich, aber konsequent.
- Biete an, schriftlich zuzuarbeiten. Oft reicht das völlig.

33

# Wenn alle durchdrehen, senke deine Stimme

In hektischen Phasen steigt der Geräuschpegel im Büro proportional zur Panik. Wer dann mitschreit, geht unter. Wer leiser wird, dem hören plötzlich alle zu.

Ruhe ist ansteckend, genau wie Hektik. Du entscheidest, welche Epidemie du verbreitest. Als Hüterin der Zahlen steht dir die ruhige Variante ohnehin besser.

**PRAXIS-TIPP**

- In Stressmomenten bewusst langsamer sprechen. Der Effekt ist verblüffend.
- Erst Fakten sortieren, dann reagieren. Panik trifft selten richtige Entscheidungen.

34

# Lerne das Wort Nein in fünf Tonlagen

Es gibt das bedauernde Nein, das verschiebende Nein, das Gegenfrage-Nein, das Alternativ-Nein und das blanke Nein. Alle fünf gehören in deinen Werkzeugkasten.

Wer immer Ja sagt, wird zur Müllhalde für ungeliebte Aufgaben. Wer klug Nein sagt, wird respektiert. Der Unterschied liegt nicht im Wort, sondern in der Begründung.

**PRAXIS-TIPP**

- Auf jedes Nein folgt ein Weil. Begründete Absagen erzeugen keinen Groll.
- Biete bei wichtigen Anfragen einen späteren Termin statt einer Ablehnung.

TEIL

# 4

## Technik, Excel und andere Launen

*Frieden schließen mit Maschinen, die dich testen*

Wege 35 bis 46

35

# Speichern. Speichern. Und dann nochmal speichern.

Jede Software stürzt genau dann ab, wenn die Tabelle am schönsten ist. Das ist kein Aberglaube, das ist gelebte Erfahrung von Generationen vor dir.

Strg und S müssen dir in die Finger übergehen wie das Atmen. Wer sich auf die automatische Sicherung verlässt, lernt irgendwann, wie lang vierzig verlorene Minuten sein können.

**PRAXIS-TIPP**

- Alle paar Minuten speichern, bei großen Dateien zusätzlich Versionskopien anlegen.
- Wichtige Stände vor Mittagspause und Feierabend extra sichern.

WEG NR. 36

TEIL 4 · TECHNIK, EXCEL UND ANDERE LAUNEN

36

# Misstraue jeder Tabelle, die du nicht selbst verbrochen hast

Fremde Excel-Dateien sind Wundertüten. Irgendwo steckt eine fest eingetippte Zahl in einer Formelspalte, ein versteckter Bereich oder ein Bezug auf eine Datei vom Laufwerk eines Kollegen, der 2019 gekündigt hat.

Bevor du mit so einem Werk arbeitest, schau unter die Haube. Zehn Minuten Formelprüfung ersparen dir die peinliche Frage, warum deine Auswertung um eine Million daneben liegt.

**PRAXIS-TIPP**

- Formelansicht einschalten und quer durch die Datei stichproben.
- Summen einmal von Hand gegenrechnen, bevor du Ergebnisse weitergibst.

37

# Der Sverweis ist dein Freund, bis er es nicht mehr ist

Er funktioniert jahrelang treu, und dann sortiert jemand die Quelltabelle um, und plötzlich bekommt jeder Kunde die Adresse seines Nachbarn. Still und heimlich, versteht sich.

Baue Kontrollen ein. Eine Prüfsumme, ein Abgleich, irgendetwas, das schreit, wenn die Zuordnung kippt. Stille Fehler sind die teuersten.

**PRAXIS-TIPP**

- Nach jedem Umbau der Quelldaten alle Verweise stichprobenartig testen.
- Wo möglich auf robustere Funktionen umsteigen und Schlüsselspalten schützen.

WEG NR. 38

TEIL 4 · TECHNIK, EXCEL UND ANDERE LAUNEN

38

# Updates kommen immer zur Unzeit. Plane damit.

Das große Systemupdate landet traditionell in der Woche vor dem Quartalsabschluss. Niemand weiß, warum. Es ist einfach so, wie Ebbe und Flut.

Du kannst die IT nicht erziehen, aber du kannst Puffer einbauen und Abschlussdaten vorher exportieren. Wer eine lokale Kopie hat, lacht, während andere auf den Ladebalken starren.

**PRAXIS-TIPP**

- Vor Abschlüssen wichtige Auswertungen vorsorglich exportieren.
- Mit der IT einen Update-Kalender abstimmen. Versuchen kann man es.

39

# Drucker spüren Angst

Je dringender der Ausdruck, desto sicherer der Papierstau. Das Gerät riecht deine Eile und reagiert mit Fach 2 öffnen, obwohl Fach 2 nachweislich leer, voll und nicht vorhanden zugleich ist.

Drucke Wichtiges deshalb nie auf den letzten Drücker. Und lerne die eine Klappe kennen, hinter der sich bei deinem Modell immer alles staut. Jeder Drucker hat diese eine Klappe.

**PRAXIS-TIPP**

- Unterschriftsmappen und Fristsachen einen Tag früher drucken.
- Ersatztoner lagern, bevor der alte leer ist. Nicht danach.

WEG NR. 40

TEIL 4 · TECHNIK, EXCEL UND ANDERE LAUNEN

40

# Eine saubere Ordnerstruktur ist halbe Lebensqualität

Dateien mit Namen wie Endversion_final_NEU_2 sind die Geister vergangener Hektik. Sie spuken in jedem Laufwerk und keiner traut sich, sie zu löschen.

Schaffe eine Struktur, die ein Fremder versteht: Jahr, Monat, Thema, sprechende Namen. Du bist in sechs Monaten selbst dieser Fremde.

**PRAXIS-TIPP**

- Namenskonvention festlegen und ans Team verteilen. Eine Seite genügt.
- Quartalsweise eine halbe Stunde Laufwerk entrümpeln.

41

# Automatisiere das Stumpfe, behalte das Denken

Alles, was du jeden Monat identisch tust, kann vermutlich eine Maschine tun: Daten ziehen, umformatieren, abgleichen, verteilen. Lass sie.

Die gewonnene Zeit steckst du in das, was Maschinen schlecht können: Auffälligkeiten hinterfragen, Zusammenhänge erklären, Entscheidungen vorbereiten. Da liegt dein eigentlicher Wert, nicht im Kopieren von Spalten.

**PRAXIS-TIPP**

- Schreib zwei Wochen lang auf, welche Handgriffe sich täglich wiederholen.
- Den nervigsten davon zuerst automatisieren. Motivation durch Erlösung.

WEG NR. 42

TEIL 4 · TECHNIK, EXCEL UND ANDERE LAUNEN

42

# Bevor du die IT anrufst: Neustart

Es ist demütigend, wie oft das hilft. Programm zu, Rechner neu, Problem weg. Die IT weiß das, du weißt das, und trotzdem hofft jeder beim ersten Anruf auf ein spannenderes Problem.

Ein Neustart vor dem Ticket erspart dir den berühmten Tonfall am anderen Ende der Leitung. Du kennst den Tonfall.

**PRAXIS-TIPP**

- Neustart, zweiter Versuch, Screenshot vom Fehler. Dann erst das Ticket.
- Fehlermeldungen wörtlich notieren statt sinngemäß nacherzählen.

43

# Zwei Bildschirme sind kein Luxus, sondern Arbeitsschutz

Wer Buchungen auf einem einzigen Monitor zwischen vier Fenstern jongliert, verliert täglich Minuten und Nerven im Fensterwechsel. Hochgerechnet aufs Jahr ist das eine Urlaubswoche.

Beantrage den zweiten Bildschirm mit genau dieser Rechnung. Zahlen überzeugen Entscheider, das weißt du besser als jeder andere im Haus.

**PRAXIS-TIPP**

- Links die Quelle, rechts die Erfassung. Nie wieder anders.
- Den Antrag mit Zeitersparnis in Stunden pro Jahr begründen.

WEG NR. 44

TEIL 4 · TECHNIK, EXCEL UND ANDERE LAUNEN

# Tastenkürzel trennen die Profis vom Mauspublikum

44

Jeder Griff zur Maus ist eine kleine Kaffeefahrt. Einzeln harmlos, in Summe ein Reisebüro. Die wichtigsten Kürzel deiner Programme sparen dir täglich eine Viertelstunde.

Lerne pro Woche ein neues Kürzel, nicht zwanzig auf einmal. Nach einem halben Jahr tippst du Buchungen, während andere noch das Menü suchen.

**PRAXIS-TIPP**

- Die fünf häufigsten Aktionen identifizieren und deren Kürzel auswendig lernen.
- Spickzettel an den Monitorrand, bis es sitzt.

WEG NR. 45

TEIL 4 · TECHNIK, EXCEL UND ANDERE LAUNEN

45

# Glaube keiner Zahl, nur weil sie aus dem System kommt

Systeme rechnen korrekt, aber sie rechnen mit dem, was Menschen hineingekippt haben. Müll rein, präzise formatierter Müll raus, gern auch mit zwei Nachkommastellen.

Dein Plausibilitätsgefühl ist die letzte Verteidigungslinie. Wenn der Materialaufwand sich verdreifacht hat und keiner weiß warum, druckt das System trotzdem brav weiter.

**PRAXIS-TIPP**

- Vor jeder Weitergabe: Passt die Größenordnung zum Vormonat und zum Bauchgefühl?
- Auffälligkeiten sofort notieren, auch wenn gerade keine Zeit zur Klärung ist.

46

# Mach Backups, als hinge dein Seelenfrieden davon ab

Tut er nämlich. Es gibt zwei Sorten Buchhalter: die mit Sicherungskopien und die, die gerade lernen, warum man welche braucht. Die zweite Gruppe erkennt man am Blick.

Verlass dich nicht allein auf die zentrale IT-Sicherung. Deine wichtigsten Arbeitsdateien verdienen eine eigene Routine, die du selbst kontrollierst.

**PRAXIS-TIPP**

- Freitags die Kernarbeitsdateien zusätzlich sichern. Fester Termin im Kalender.
- Einmal im Jahr testweise etwas zurückspielen. Ein Backup ohne Test ist Hoffnung.

TEIL

# 5

## Fristen und Abschlüsse: die heiße Zone

*Ruhig bleiben, wenn der Kalender Zähne zeigt*

Wege 47 bis 58

WEG NR. 47

TEIL 5 · FRISTEN UND ABSCHLÜSSE: DIE HEISSE ZONE

47

# Der Zehnte des Monats ist kein Vorschlag

Umsatzsteuervoranmeldung, Lohnsteuer, Meldungen: Diese Termine verhandeln nicht. Sie stehen da wie Leitplanken, und wer dagegen fährt, zahlt.

Arbeite vom Termin rückwärts. Wenn die Anmeldung am Zehnten raus muss, sind die Buchungen am Siebten fertig. Nicht am Neunten um 22 Uhr, auch wenn das eine gewisse Tradition hat.

**PRAXIS-TIPP**

- Alle wiederkehrenden Fristen mit Vorlauftagen im Kalender hinterlegen.
- Dauerfristverlängerung prüfen, wo sie möglich und sinnvoll ist.

48

# Der Monatsabschluss ist ein Marathon mit Sprinteinlagen

Wer die ersten Tage trödelt, sprintet die letzten drei. Wer von Anfang an gleichmäßig läuft, geht am Ultimo entspannt nach Hause, während andere die Kantine leer kaufen.

Eine feste Abschluss-Checkliste nimmt dir das tägliche Neuerfinden ab. Punkt für Punkt, Monat für Monat, immer gleich. Langweilig? Ja. Wirksam? Absolut.

**PRAXIS-TIPP**

- Abschluss-Checkliste pflegen und nach jedem Monat um Gelerntes ergänzen.
- Die zähesten Abstimmungen auf die ersten Tage legen, nicht ans Ende.

WEG NR. 49

TEIL 5 · FRISTEN UND ABSCHLÜSSE: DIE HEISSE ZONE

# Abgrenzungen sind Zeitreisen für Erwachsene

49

Du schiebst Aufwand und Ertrag in die Periode, in die sie gehören, nicht in die, in der zufällig die Rechnung eintrudelte. Das ist im Kern Magie mit Belegcharakter.

Führe eine Liste aller wiederkehrenden Abgrenzungsfälle. Versicherungen, Wartungsverträge, Boni. Was einmal auf der Liste steht, wird nie wieder vergessen. Was nicht draufsteht, garantiert doch.

**PRAXIS-TIPP**

- Abgrenzungsliste als lebendes Dokument führen, nicht als Jahresfund.
- Neue Dauerverträge sofort eintragen, wenn sie das erste Mal auftauchen.

50

# Wenn das Konto nicht aufgeht, geh rückwärts

Die Differenz von 47,12 versteckt sich selten in der Gesamtschau, aber fast immer im letzten Dutzend Bewegungen. Also: vom Ende her prüfen, nicht von vorn.

Und falls die Differenz durch 9 teilbar ist, hast du wahrscheinlich einen Zahlendreher gebucht. Dieser alte Trick hat schon mehr Feierabende gerettet als jede Software.

**PRAXIS-TIPP**

- Differenz halbieren und durch 9 teilen: Beide Tests vor der großen Suche.
- Abstimmung sofort dokumentieren, solange du noch weißt, was du getan hast.

WEG NR. 51

TEIL 5 · FRISTEN UND ABSCHLÜSSE: DIE HEISSE ZONE

51

# Inventur: Zähl mit, statt nur zu glauben

Was im System steht und was im Lager liegt, sind zwei Geschichten, die sich nur einmal im Jahr treffen. Bei diesem Treffen solltest du anwesend sein.

Wer die Zählung einmal selbst miterlebt hat, versteht jede spätere Differenz besser. Außerdem lernst du dabei Menschen kennen, die du sonst nur als Kostenstelle führst.

**PRAXIS-TIPP**

- Bei der Inventur mindestens stichprobenweise selbst vor Ort sein.
- Differenzen sofort klären, nicht erst beim Abschluss. Erinnerungen verdunsten.

52

# Der Jahresabschluss beginnt im Januar. Des Vorjahres.

Wer das ganze Jahr sauber bucht, abstimmt und dokumentiert, hat im Abschluss ein straffes Projekt. Wer zwölf Monate Klärungsfälle schiebt, hat im Februar eine archäologische Grabung.

Behandle jeden Monat so, als käme nächste Woche die Prüfung. Klingt streng, ist aber die einzige bekannte Methode gegen das große Frühjahrsgrauen.

**PRAXIS-TIPP**

- Monatlich abstimmen, was jährlich geprüft wird. Keine Bugwelle aufbauen.
- Im Herbst eine Vorab-Runde durch die kritischen Konten drehen.

WEG NR. 53

TEIL 5 · FRISTEN UND ABSCHLÜSSE: DIE HEISSE ZONE

53

# Bilde Rückstellungen auch für deine Nerven

Im Abschluss bildest du Rückstellungen für ungewisse Verpflichtungen. Wende das Prinzip auf dich an: Plane Reserven für Kraft, Schlaf und Geduld, bevor die heiße Phase beginnt.

Wer im Januar schon auf Reserve fährt, erreicht den März als Schatten seiner selbst. Vorsicht ist ein Bilanzierungsprinzip. Lebe es auch privat.

**PRAXIS-TIPP**

- Vor Abschlussphasen private Großprojekte bewusst vertagen.
- Schlaf ist in der heißen Phase nicht verhandelbar. Überstunden enden vor Mitternacht.

54

# Die Betriebsprüfung kündigt sich an. Die Panik muss nicht mitkommen.

Eine Prüfung ist kein Verdacht, sondern Routine. Wer sauber gearbeitet und ordentlich dokumentiert hat, serviert dem Prüfer Kaffee statt Ausreden.

Bereite einen festen Datenraum vor, kläre Zuständigkeiten und kanalisiere alle Fragen über eine Person. Prüfer schätzen Struktur, und Struktur verkürzt Prüfungen.

**PRAXIS-TIPP**

- Verfahrensdokumentation aktuell halten, nicht erst bei Ankündigung schreiben.
- Antworten auf Prüferfragen kurz, korrekt, ohne Beiwerk. Nie spekulieren.

WEG NR. 55

TEIL 5 · FRISTEN UND ABSCHLÜSSE: DIE HEISSE ZONE

55

# Saldenbestätigungen: früh raus, freundlich nachfassen

Verschickst du sie spät, antwortet keiner rechtzeitig, und du baust dir selbst eine Baustelle in die heißeste Phase des Jahres.

Früh versenden, nach zwei Wochen erinnern, telefonisch nachhaken bei den üblichen Schweigern. Du kennst deine Schweiger nach einem Jahr namentlich.

**PRAXIS-TIPP**

- Versandtermin für Saldenbestätigungen fest im Jahreskalender verankern.
- Liste der notorischen Nichtantworter pflegen und dort früher anrufen.

56

# Erkläre Abweichungen, bevor jemand fragt

Jede auffällige Abweichung im Bericht erzeugt eine Frage. Entweder du beantwortest sie proaktiv in einer Fußnote, oder du beantwortest sie reaktiv in drei Meetings.

Ein Satz Kommentar pro Ausreißer, und der Bericht trägt sich selbst. Das ist der Unterschied zwischen Zahlen liefern und Zahlen verantworten.

**PRAXIS-TIPP**

- Faustregel: Jede Abweichung über zehn Prozent bekommt einen Erklärsatz.
- Kommentare in der Sprache des Empfängers schreiben, nicht im Buchungsjargon.

57

# Vier Augen sehen mehr, auch wenn zwei davon deine sind

Den eigenen Fehler übersieht man mit derselben Eleganz wie den eigenen Tippfehler in einer Bewerbung. Das Hirn liest, was es erwartet, nicht was dasteht.

Lass kritische Meldungen gegenlesen, und biete die Gegenleistung an. Ein eingespieltes Vier-Augen-Paar fängt mehr ab als jede dritte Kontrollschleife allein.

**PRAXIS-TIPP**

- Festen Gegenlese-Partner vereinbaren für alles, was nach draußen geht.
- Vor der Abgabe einmal ausdrucken oder Zoomstufe ändern. Neuer Blick, neue Funde.

58

# Nach dem Abschluss: Manöverkritik bei Gebäck

Wenn der Abschluss durch ist, will jeder nur noch vergessen. Genau dann lohnt eine Stunde Rückblick: Was lief zäh, was lief rund, was machen wir nächstes Mal anders?

Mit Kuchen wird aus der Pflichtübung ein kleines Ritual. Die Erkenntnisse wandern direkt in die Checkliste, und der nächste Abschluss startet einen Schritt weiter vorn.

**PRAXIS-TIPP**

- Termin für die Nachbesprechung schon vor dem Abschluss einplanen.
- Drei konkrete Verbesserungen festhalten. Mehr werden ohnehin nicht umgesetzt.

TEIL

# 6

## Selbsterhaltung im Büroalltag

*Körper und Kopf durch den Arbeitstag bringen*

Wege 59 bis 68

59

# Mittagspause heißt Pause, nicht Buchen mit Brötchen

Das belegte Brötchen über der Tastatur ist keine Pause, sondern Nahrungsaufnahme unter erschwerten Bedingungen. Dein Kopf braucht den Schnitt, nicht nur dein Magen.

Dreißig Minuten weg vom Platz machen den Nachmittag messbar produktiver. Das ist keine Wellness-These, das merkst du selbst nach einer Woche Selbstversuch.

**PRAXIS-TIPP**

- Pause als festen Termin blocken, sonst frisst der Kalender sie auf.
- Mindestens einmal täglich das Gebäude verlassen, und sei es für zehn Minuten.

WEG NR. 60

TEIL 6 · SELBSTERHALTUNG IM BÜROALLTAG

60

# Steh auf, bevor der Rücken Mahnbescheide schickt

Acht Stunden Sitzen prüft dein Körper genauso gründlich wie du die Eingangsrechnungen, und er findet jede Schwachstelle. Die Mahngebühren zahlt man in Physiotherapie.

Jede Stunde kurz aufstehen, beim Telefonieren gehen, Drucker bewusst weit weg wählen. Bewegung muss nicht sportlich sein, nur regelmäßig.

**PRAXIS-TIPP**

- Erinnerung im Stundentakt einrichten: aufstehen, strecken, weitermachen.
- Telefonate grundsätzlich im Stehen führen. Klingt nebenbei auch souveräner.

WEG NR. 61

TEIL 6 · SELBSTERHALTUNG IM BÜROALLTAG

61

# Pflege ein Hobby, das nichts mit Zahlen zu tun hat

Wer den ganzen Tag abstimmt, sollte abends etwas tun, das herrlich unpräzise ist. Garten, Töpfern, Wandern, Trommeln. Hauptsache, niemand verlangt zwei Nachkommastellen.

Das Hirn braucht einen Bereich, in dem ungefähr gut genug ist. Sonst zählst du irgendwann beim Spaziergang die Gehwegplatten. Frag nicht, woher dieses Beispiel stammt.

**PRAXIS-TIPP**

- Einen festen Abend pro Woche für das Nicht-Zahlen-Hobby reservieren.
- In Abschlussphasen das Hobby verkleinern, aber nie ganz streichen.

WEG NR. 62

TEIL 6 · SELBSTERHALTUNG IM BÜROALLTAG

62

# Dein Bürostuhl ist wichtiger als dein Diensthandy

Auf dem Stuhl verbringst du mehr wache Zeit als im eigenen Bett. Trotzdem wird er behandelt wie ein Möbelstück und das Handy wie ein Familienmitglied.

Stell ihn richtig ein oder kämpfe für einen besseren. Die Hebel unter der Sitzfläche sind keine Dekoration, auch wenn die meisten sie seit Jahren nicht angefasst haben.

**PRAXIS-TIPP**

- Zehn Minuten investieren: Sitzhöhe, Lehne, Armstützen korrekt justieren.
- Bei Schmerzen früh handeln. Ein Stehpult-Antrag ist billiger als ein Bandscheibenvorfall.

WEG NR. 63

TEIL 6 · SELBSTERHALTUNG IM BÜROALLTAG

63

# Kaffee ist ein Werkzeug, kein Ersatzblut

Die ersten zwei Tassen schärfen. Ab der fünften zitterst du nur noch präziser. Irgendwann buchst du schneller, als du denkst, und genau das ist das Problem.

Finde deine wirksame Dosis und bleib darunter. Der Härtetest: Kannst du einen Vormittag ohne? Wenn der Gedanke allein dich nervös macht, kennst du die Antwort.

**PRAXIS-TIPP**

- Nach 15 Uhr auf entkoffeinierte Alternativen wechseln. Der Schlaf dankt.
- Pro Kaffee ein Glas Wasser. Alte Regel, funktioniert weiterhin.

WEG NR. 64

TEIL 6 · SELBSTERHALTUNG IM BÜROALLTAG

64

# Lüfte den Kopf, nicht nur den Raum

Nach neunzig Minuten Konzentration sinkt die Fehlerquote nicht durch Anstrengung, sondern durch Unterbrechung. Fünf Minuten Fenster, Blick in die Ferne, fertig.

Augen brauchen Distanz. Wer stundenlang auf dreißig Zentimeter starrt, sieht abends Buchungszeilen auf der Wohnzimmerwand. Das ist kein Zustand, das ist ein Warnsignal.

**PRAXIS-TIPP**

- Alle 20 Minuten kurz auf etwas in 20 Metern Entfernung schauen.
- Nach jedem großen Arbeitsblock einmal komplett vom Bildschirm lösen.

65

# Vergleiche dich nicht mit der Hochglanz-Karriere von nebenan

Auf Berufsnetzwerken feiern alle ihre Beförderungen, niemand seine ungeklärten Durchlaufkonten. Was du dort siehst, ist die Schaufensterdeko, nicht das Lager.

Dein Maßstab bist du vor einem Jahr. Buchst du sicherer, erklärst du besser, bleibst du gelassener? Dann läuft es, egal was die Timeline behauptet.

**PRAXIS-TIPP**

- Berufsnetzwerke bewusst dosieren, besonders in stressigen Phasen.
- Eigene Fortschritte halbjährlich notieren. Schwarz auf weiß wirkt es plötzlich beachtlich.

WEG NR. 66

TEIL 6 · SELBSTERHALTUNG IM BÜROALLTAG

66

# Sprich über den Druck, bevor er über dich spricht

Dauerstress zeigt sich schleichend: kürzere Lunte, schlechterer Schlaf, der dritte Infekt im Quartal. Das sind keine Charakterschwächen, das sind Messwerte.

Red mit jemandem, bevor die Werte rot werden. Vorgesetzte, Kollegen, Hausarzt, je nach Lage. Hilfe anzunehmen ist eine Kompetenz, keine Kapitulation.

**PRAXIS-TIPP**

- Ehrliche Selbstprüfung einmal im Monat: Schlaf, Laune, Energie auf Skala eins bis zehn.
- Zwei Werte unter vier? Gespräch suchen, nicht Tempo erhöhen.

67

# Iss mittags nichts, was dich um 14 Uhr ins Koma legt

Das Schnitzel mit Soße schmeckt großartig und rächt sich pünktlich zur Debitorenabstimmung. Das Suppenkoma ist real und es kennt deinen Kalender.

Niemand verlangt Rohkost-Heldentum. Aber an Tagen mit kniffligen Nachmittagsaufgaben lohnt die leichtere Wahl. Den Braten hebst du dir fürs Wochenende auf.

**PRAXIS-TIPP**

- Vor wichtigen Nachmittagsterminen bewusst leicht essen.
- Nach dem Essen zehn Minuten gehen. Verdaut besser als jeder Espresso.

WEG NR. 68

TEIL 6 · SELBSTERHALTUNG IM BÜROALLTAG

68

# Humor ist deine beste Rückstellung

Es wird Tage geben, an denen die Bank streikt, der Chef drängelt und ein Lieferant dieselbe Rechnung zum dritten Mal schickt, jeweils mit neuer Nummer. An solchen Tagen rettet dich nur Lachen.

Wer über den Wahnsinn lachen kann, steht über ihm. Wer ihn nur erträgt, steht irgendwann darunter. Such dir Kollegen, mit denen du beides teilen kannst: die Arbeit und die Pointen.

**PRAXIS-TIPP**

- Eine private Sammlung der absurdesten Vorfälle führen. Anonymisiert, versteht sich.
- An schlimmen Tagen abends bewusst etwas ansehen oder lesen, das dich zum Lachen bringt.

TEIL

# 7

# Reden mit dem Rest der Welt

*Kommunikation, die Nerven spart statt kostet*

Wege 69 bis 79

WEG NR. 69

TEIL 7 · REDEN MIT DEM REST DER WELT

69

# Schreib Mails, die man ohne Wörterbuch versteht

Außerhalb deiner Abteilung weiß niemand, was eine Skontofrist oder ein Sachkonto ist. Wer Fachsprache an Laien schickt, bekommt entweder keine Antwort oder die falsche.

Übersetze: Statt der Bitte um Kontierung der OPOS-Liste schreibst du, welche drei Rechnungen offen sind und was du konkret brauchst. Bis wann. Von wem.

**PRAXIS-TIPP**

- Jede Mail mit einer klaren Frage oder Bitte beenden, inklusive Termin.
- Faustregel: Würde es deine Nachbarin verstehen? Dann ist es gut.

WEG NR. 70

TEIL 7 · REDEN MIT DEM REST DER WELT

70

# Beim Mahnen freundlich anfangen, eskalieren kannst du immer noch

Die erste Zahlungserinnerung darf klingen wie ein Anstupser unter Geschäftspartnern. Oft ist die Rechnung schlicht untergegangen, und ein scharfer Ton verbrennt eine Kundenbeziehung für 89 Euro.

Bleibt die Zahlung aus, wird der Ton stufenweise verbindlicher. Diese Treppe gehst du gelassen hoch, Stufe für Stufe, mit Fristen und Dokumentation. Wut ist keine Stufe.

**PRAXIS-TIPP**

- Drei Eskalationsstufen vorformulieren und konsequent durchziehen.
- Bei guten Kunden vor der ersten Mahnung kurz anrufen. Löst die Hälfte der Fälle.

WEG NR. 71

TEIL 7 · REDEN MIT DEM REST DER WELT

71

# Telefonieren ist schneller als zwölf Mails

Manche Klärungen brauchen Rückfragen, Zwischentöne und ein gemeinsames Draufschauen. Per Mail dauert das eine Woche, am Telefon acht Minuten.

Die Regel ist einfach: Ab der dritten Mail zum selben Thema greifst du zum Hörer. Das Ergebnis fasst du danach in zwei Sätzen schriftlich zusammen. Beste aus beiden Welten.

**PRAXIS-TIPP**

- Drei-Mails-Regel einführen und wirklich einhalten.
- Nach jedem Klärungstelefonat eine kurze Ergebnis-Mail senden.

72

# Sag dem Steuerberater die Wahrheit. Die ganze.

Wer der Kanzlei nur die hübschen Unterlagen schickt und die Leichen im Keller lässt, bekommt eine hübsche Beratung für ein Unternehmen, das so nicht existiert.

Unangenehme Sachverhalte früh auf den Tisch. Steuerberater haben alles gesehen, dein Spezialfall erschüttert dort niemanden. Spätes Beichten kostet dagegen richtig Geld.

**PRAXIS-TIPP**

- Heikle Themen sofort melden, nicht erst bei den Jahresabschlussarbeiten.
- Fragenliste sammeln und gebündelt klären. Schont das Beraterbudget.

WEG NR. 73

TEIL 7 · REDEN MIT DEM REST DER WELT

73

# Mit dem Finanzamt redet man schriftlich und höflich

Die Sachbearbeiterin dort hat weder deine Steuergesetze gemacht noch deinen Bescheid persönlich gegen dich gerichtet. Sie arbeitet Vorgänge ab, wie du auch.

Sachlich bleiben, Fristen wahren, alles dokumentieren. Wer höflich und präzise schreibt, bekommt erstaunlich oft kulante Lösungen. Wer poltert, bekommt Dienst nach Vorschrift.

**PRAXIS-TIPP**

- Fristverlängerungen rechtzeitig und mit kurzer Begründung beantragen.
- Jeden Bescheid binnen einer Woche prüfen, nicht erst kurz vor Einspruchsende.

74

# Erkläre Zahlen mit Geschichten, nicht mit Tabellen

Eine Folie mit vierzig Zellen erreicht im Meeting niemanden. Ein Satz wie: Wir geben für Fremdleistungen inzwischen so viel aus wie für das halbe Team, der bleibt hängen.

Du musst die Tabelle trotzdem im Anhang haben, klar. Aber die Botschaft transportiert die Geschichte. Wer Zahlen erzählen kann, sitzt irgendwann mit am Entscheidertisch.

**PRAXIS-TIPP**

- Pro Bericht eine Kernbotschaft formulieren, in einem Satz, ohne Fachwort.
- Vergleiche nutzen, die jeder kennt: Gehälter, Mieten, Autos.

75

# Lass dich nicht zum Überbringer fremder Hiobsbotschaften machen

Wenn das Budget einer Abteilung gerissen ist, soll das die Führungskraft kommunizieren, nicht du als Bote zwischen den Fronten. Du lieferst die Zahl, nicht die Standpauke.

Halte diese Grenze sauber. Du gewinnst nichts, wenn du dich zwischen Chef und Abteilungsleiter schieben lässt, außer Feinde auf beiden Seiten.

**PRAXIS-TIPP**

- Zahlen liefern, Bewertung der Führung überlassen. Rollen klar trennen.
- Bei Konfliktthemen schriftlich berichten, mit Verteiler an alle Beteiligten.

WEG NR. 76

TEIL 7 · REDEN MIT DEM REST DER WELT

76

# Kein Buchhalterwitz bringt dich aus der Fassung

Auf Partys kommt verlässlich der Spruch mit den langweiligen Erbsenzählern. Lächle. Du weißt, wer im Unternehmen als Erstes merkt, wenn etwas schiefläuft, und wessen Unterschrift Prüfer ernst nehmen.

Halte zwei, drei Antworten bereit. Etwa: Stimmt, ich zähle Erbsen. Millionenweise. Wer zuletzt kontiert, kontiert am besten.

**PRAXIS-TIPP**

- Eine charmante Standardantwort zurechtlegen und genüsslich einsetzen.
- Souveränität schlägt Rechtfertigung. Immer.

WEG NR. 77

TEIL 7 · REDEN MIT DEM REST DER WELT

# Übersetze für beide Richtungen

77

Du sprichst zwei Sprachen: Buchhaltung und Betrieb. Nach oben übersetzt du Belegchaos in Risiken und Beträge, nach unten übersetzt du Vorstandsbeschlüsse in konkrete Buchungsregeln.

Diese Dolmetscherrolle macht dich wertvoller als jede einzelne Fachkenntnis. Systeme kann man kaufen, Übersetzer zwischen Welten nicht.

**PRAXIS-TIPP**

- Vor jeder Kommunikation kurz überlegen: Welche Sprache spricht der Empfänger?
- Fachbegriffe gegenüber Laien aktiv vermeiden oder sofort erklären.

78

# Gib Fehler zu, bevor sie jemand findet

Eine selbst gemeldete Falschbuchung ist eine Korrektur. Eine entdeckte ist ein Vertrauensproblem. Der Unterschied liegt nicht in der Zahl, sondern im Zeitpunkt der Meldung.

Kurz, sachlich, mit Lösungsvorschlag: So meldest du eigene Patzer. Wer so auftritt, gilt langfristig als verlässlich, gerade weil er Fehler nicht versteckt.

**PRAXIS-TIPP**

- Formel für die Meldung: Was ist passiert, was ist die Wirkung, was ist der Fix.
- Nach der Korrektur prüfen, ob der Prozess den Fehler begünstigt hat.

WEG NR. 79

TEIL 7 · REDEN MIT DEM REST DER WELT

79

# Hüte die Vertraulichkeit wie deinen Kontenrahmen

Du kennst Gehälter, Margen und manchmal Kündigungen vor den Betroffenen. Dieses Wissen ist eine Bürde und ein Vertrauensbeweis zugleich.

Kein Flurfunk, keine Andeutungen, kein vielsagendes Schweigen, das lauter ist als Reden. Deine Verschwiegenheit ist ein Teil deines Berufs, der nie im Zeugnis steht und alles entscheidet.

**PRAXIS-TIPP**

- Sensible Unterlagen nie offen liegen lassen, Bildschirm beim Verlassen sperren.
- Auf neugierige Fragen einen freundlichen Standardsatz parat haben.

TEIL

# 8

# Feierabend ist ein Fachbegriff

*Abschalten als Disziplin, nicht als Zufall*

Wege 80 bis 90

WEG NR. 80



80

# Definiere Feierabend als harte Frist

Du nimmst den Zehnten des Monats todernst. Behandle 17:30 Uhr genauso. Eine Frist ist eine Frist, und du bist nachweislich gut darin, Fristen einzuhalten.

Arbeit dehnt sich in die Zeit aus, die man ihr gibt. Wer offen lässt, wann Schluss ist, bei dem ist nie Schluss. Das letzte Konto kannst du auch morgen abstimmen. Es wartet. Konten sind geduldig.

**PRAXIS-TIPP**

- Feierabend in den Kalender eintragen wie einen Termin mit dem Finanzamt.
- Die letzte halbe Stunde für Aufräumen und Morgen-Planung nutzen, nicht für neue Fässer.

WEG NR. 81

TEIL 8 · FEIERABEND IST EIN FACHBEGRIFF

81

# Schließe den Tag ab wie ein Konto

Ein kurzer Tagesabschluss verhindert, dass offene Punkte dich bis ins Bett verfolgen: Was ist erledigt, was kommt morgen dran, wo lauert ein Risiko? Fünf Minuten, drei Stichpunkte.

Was notiert ist, darf der Kopf loslassen. Was nicht notiert ist, kreist nachts um halb drei über dem Kissen. Du hast die Wahl, und sie kostet einen Klebezettel.

**PRAXIS-TIPP**

- Tägliche Abschlussnotiz: erledigt, offen, morgen zuerst.
- Den Zettel auf die Tastatur legen. Der Morgen beginnt dann ohne Suchphase.

WEG NR. 82

TEIL 8 · FEIERABEND IST EIN FACHBEGRIFF

# Diensthandy hat Öffnungszeiten

82

Du bist Buchhalterin, kein Notarzt. Es gibt keine Buchung, die um 21:40 Uhr nicht bis morgen warten kann. Wirklich keine. Auch nicht die vom Chef mit drei Ausrufezeichen.

Stelle Benachrichtigungen nach Feierabend ab. Wer dich abends erreichen kann, wird dich abends erreichen. Wer es nicht kann, schreibt eine Mail und überlebt das erstaunlich gut.

**PRAXIS-TIPP**

- Berufliche Apps nach Feierabend stummschalten, am Wochenende ganz aus.
- Ausnahmen vorher definieren, etwa in Abschlusswochen. Definiert heißt: begrenzt.

83

# Im Urlaub gilt: Du bist nicht systemrelevant. Zum Glück.

Das Unternehmen übersteht zwei Wochen ohne dich. Falls nicht, ist das kein Kompliment für dich, sondern ein Organisationsmangel, den du nach dem Urlaub ansprechen solltest.

Gute Übergabe, klare Vertretung, Abwesenheitsnotiz mit Alternativkontakt, und dann: Funkstille. Wer im Liegestuhl Konten prüft, hat keinen Urlaub, sondern Homeoffice mit Sonnenbrand.

**PRAXIS-TIPP**

- Übergabedokument eine Woche vor Abflug fertigstellen, nicht am letzten Tag.
- Mailzugang im Urlaub gar nicht erst einrichten. Was du nicht siehst, juckt nicht.

84

# Erzähl zu Hause auch mal die guten Geschichten

Wenn deine Familie nur von Belegbergen und Fristen hört, hält sie deinen Beruf für eine Strafkolonie. Dabei gibt es sie, die guten Momente: das aufgegangene Konto, der dankbare Kollege, der gelöste Knoten.

Was du erzählst, formt auch deine eigene Erinnerung an den Tag. Wer abends nur Ärger nacherzählt, archiviert nur Ärger. Buchhalterisch gesprochen: einseitige Buchführung.

**PRAXIS-TIPP**

- Beim Abendessen eine gelungene Sache vom Tag erwähnen. Eine findet sich immer.
- Dauerfrust beim Erzählen bemerkt? Dann liegt das Thema tiefer. Hinschauen.

85

# Sport gegen Sitzfleisch, Logik gegen Ausreden

Du brauchst kein Marathonprogramm. Du brauchst einen Ausgleich zur Sitzhaltung, drei kleine Einheiten pro Woche reichen für den Anfang völlig.

Behandle Bewegung wie eine Daueranweisung: einmal eingerichtet, läuft sie automatisch. Einzelentscheidungen verlieren gegen das Sofa, Routinen gewinnen gegen alles.

**PRAXIS-TIPP**

- Feste Sporttermine wie Kundentermine behandeln: verschieben ja, streichen nein.
- Mit etwas anfangen, das Spaß macht. Disziplin ist endlich, Freude nicht.

WEG NR. 86

TEIL 8 · FEIERABEND IST EIN FACHBEGRIFF

86

# Schlaf ist die wichtigste Buchung des Tages

Mit sechs Stunden Schlaf machst du nachweislich mehr Fehler, brauchst länger und hältst Kleinigkeiten für Katastrophen. Müdigkeit ist der teuerste Posten in deiner privaten GuV.

Sieben bis acht Stunden sind keine Verhandlungsmasse, sondern Betriebsmittel. Wer am Schlaf spart, finanziert die Einsparung mit Fehlern. Schlechtester Zinssatz überhaupt.

**PRAXIS-TIPP**

- Feste Zubettgehzeit, auch wenn die Serie spannend ist. Sie ist morgen noch da.
- Letzte Stunde vor dem Schlafen ohne Arbeitsgedanken und ohne Diensthandy.

87

# Am Wochenende denkst du in anderen Einheiten

Samstags zählt nicht, was effizient ist. Da zählen Stunden im Grünen, Seiten im Roman, Runden mit dem Rad. Bewusst unproduktiv sein ist eine Fähigkeit, und sie verkümmert ohne Übung.

Wer auch privat alles optimiert, hat das Büro nur räumlich verlassen. Lass die Tabellen bei den Tabellen. Sie sind montags noch genau dort, das garantiert dir niemand verlässlicher als sie selbst.

**PRAXIS-TIPP**

- Ein Wochenend-Zeitfenster komplett ohne Plan lassen. Absichtlich.
- Private To-do-Listen am Wochenende auf das Nötigste kürzen.

88

# Pflege Freundschaften außerhalb der Branche

Menschen, die mit Buchhaltung nichts am Hut haben, sind ein Geschenk. In ihrer Gegenwart bist du nicht die Frau von der Kreditorenbuchhaltung, sondern einfach du.

Solche Abende kalibrieren den Blick neu. Probleme, die im Büro riesig wirkten, schrumpfen beim zweiten Bier mit Leuten, die das Wort Ultimo für einen Cocktail halten.

**PRAXIS-TIPP**

- Regelmäßige Treffen mit dem branchenfremden Freundeskreis fest verabreden.
- Dort maximal fünf Minuten über die Arbeit reden. Stoppuhr erlaubt.

89

# Belohne dich nach harten Phasen sichtbar

Nach dem Jahresabschluss einfach zum Tagesgeschäft überzugehen ist Verschwendung. Große Anstrengung verdient einen Marker: ein Essen, ein Ausflug, ein freier Brückentag.

Belohnungen schließen Kapitel. Ohne Abschluss-Ritual fühlt sich das Jahr an wie ein einziger zäher Vorgang ohne Buchungsschluss. Und du weißt, was du von offenen Posten hältst.

**PRAXIS-TIPP**

- Belohnung vor der harten Phase festlegen. Vorfreude trägt durch die Nacht.
- Auch das Team einbeziehen. Geteilte Erleichterung verdoppelt sich.

WEG NR. 90

TEIL 8 · FEIERABEND IST EIN FACHBEGRIFF

# Nimm dir Resturlaub, bevor er dich nimmt

90

Es gibt Kollegen, die ihren Urlaub horten wie Rückstellungen für schlechte Zeiten. Im Dezember verfallen die Tage dann oder werden hektisch zwischen die Feiertage gepresst.

Erholung wirkt nur, wenn sie stattfindet. Über das Jahr verteilt, in echten Blöcken, ohne schlechtes Gewissen. Dein Arbeitskonto darfst du anders führen als dein Sachkonto: großzügig zu dir selbst.

**PRAXIS-TIPP**

- Urlaubsplanung fürs ganze Jahr im Januar grob festlegen.
- Mindestens einmal jährlich zwei Wochen am Stück. Eine Woche ist nur Atemholen.

TEIL

# 9

# Die hohe Schule der Gelassenheit

*Was bleibt, wenn der Stapel mal wieder wächst*

Wege 91 bis 101

WEG NR. 91

TEIL 9 · DIE HOHE SCHULE DER GELASSENHEIT

91

# Trenne, was du kontrollierst, von dem, was dich nur ärgert

Du kontrollierst deine Buchungen, deine Ablage, deinen Ton. Du kontrollierst nicht die Zahlungsmoral der Kunden, die Laune des Vorstands oder die Gesetzgebung.

Auf Spalte eins verwendest du Energie, über Spalte zwei höchstens ein Schulterzucken. Diese Sortierung ist die vielleicht wichtigste Kontierung deines Lebens.

**PRAXIS-TIPP**

- Bei jedem Ärger fragen: Liegt das in meiner Hand? Nein? Loslassen, weiterarbeiten.
- Wiederkehrenden Fremdärger einmal sauber eskalieren, dann abhaken.

WEG NR. 92

TEIL 9 · DIE HOHE SCHULE DER GELASSENHEIT

92

# Ein Fehler ist ein Datenpunkt, kein Urteil

Du wirst Zahlendreher bauen, Fristen knapp reißen, Konten verwechseln. Jeder tut das, auch die Kollegin, die so aussieht, als täte sie es nie. Sie versteckt es nur besser.

Entscheidend ist die Reaktion: korrigieren, verstehen, Prozess anpassen, weitermachen. Selbstzerfleischung verbessert keine einzige Buchung, sie verschlechtert nur die nächsten zehn.

**PRAXIS-TIPP**

- Nach jedem Patzer eine Lehre notieren, dann den Vorgang innerlich schließen.
- Sich selbst denselben Ton gönnen, den man freundlichen Kollegen gegenüber anschlägt.

WEG NR. 93

TEIL 9 · DIE HOHE SCHULE DER GELASSENHEIT

93

# Perfektion ist beim Jahresabschluss Pflicht. Sonst fast nie.

Es gibt Aufgaben, die hundert Prozent verlangen, und Aufgaben, bei denen neunzig Prozent in der Hälfte der Zeit der bessere Deal sind. Wer beides gleich behandelt, geht an der internen Wochenstatistik zugrunde.

Lerne zu unterscheiden: Was geht ans Finanzamt, was an die Bank, was ist nur eine Hausnummer fürs nächste Meeting? Der Detailgrad folgt dem Empfänger, nicht deinem Ehrgeiz.

**PRAXIS-TIPP**

- Vor jeder Aufgabe kurz einordnen: Pflichtgenauigkeit oder Arbeitsstand?
- Für interne Schnellschüsse einen Hinweis ergänzen: vorläufige Zahlen. Entlastet enorm.

WEG NR. 94



94

# Atme einmal durch, bevor du auf Antworten klickst

Die wütende Mail liest sich nach zwanzig Minuten anders als in der ersten Schrecksekunde. Meistens kleiner. Manchmal sogar berechtigt, was noch unangenehmer ist, aber nützlicher.

Schreib die scharfe Antwort ruhig, als Entwurf, ohne Empfänger. Dann Kaffee. Dann löschen und die erwachsene Version schicken. Dieses Ritual hat schon Karrieren gerettet.

**PRAXIS-TIPP**

- Bei Ärger-Mails: Empfängerfeld erst nach der Schlussredaktion füllen.
- Antworten auf Eskalationen grundsätzlich erst nach einer Pause senden.

WEG NR. 95

TEIL 9 · DIE HOHE SCHULE DER GELASSENHEIT

# Zoom raus: In fünf Jahren ist das eine Anekdote

95

Die verschwundene Eingangsrechnung, die heute deinen Puls hochjagt, ist in fünf Jahren bestenfalls eine Geschichte für die Weihnachtsfeier. Wahrscheinlich nicht mal das.

Das relativiert nicht deine Arbeit. Es relativiert das Drama drumherum. Sorgfalt ja, Herzrasen nein. Den Unterschied zu kennen ist gelebte Berufserfahrung.

**PRAXIS-TIPP**

- Beim Aufregen fragen: Erinnere ich mich in einem Jahr noch daran?
- Alte Krisen gelegentlich Revue passieren lassen. Alle wurden gelöst. Alle.

96

# Führe ein Erfolgsarchiv

Buchhaltung ist ein Beruf ohne Applaus. Wenn alles stimmt, sagt keiner was. Wenn etwas fehlt, klingelt das Telefon. Dieses Feedback-Gefälle musst du selbst ausgleichen.

Sammle gelöste Probleme, gelungene Abschlüsse, dankbare Mails in einem eigenen Ordner. An grauen Tagen ist dieser Ordner deine private Bilanz, und sie ist positiver, als dein Gefühl behauptet.

**PRAXIS-TIPP**

- Lob-Mails sofort in einen Erfolgsordner verschieben.
- Vor Gehaltsgesprächen den Ordner durchgehen. Beste Vorbereitung überhaupt.

WEG NR. 97

TEIL 9 · DIE HOHE SCHULE DER GELASSENHEIT

97

# Vergleiche dein Innenleben nicht mit fremden Fassaden

Die Kollegin wirkt immer souverän? Du siehst ihre Außenseite und vergleichst sie mit deiner Innenseite. Das ist methodisch ungefähr so sauber wie Brutto mit Netto zu vergleichen.

Hinter jeder ruhigen Fassade arbeitet es genauso. Manche zeigen es nur nicht. Beruhigend, oder? Du bist normal. Der Beruf ist nur manchmal verrückt.

**PRAXIS-TIPP**

- Bei Selbstzweifeln mit einer vertrauten Kollegin offen reden. Aha-Momente garantiert nicht, aber sehr wahrscheinlich.
- Eigene Maßstäbe definieren statt fremde Auftritte zu adoptieren.

98

# Bleib neugierig, sonst bleibst du stehen

Gesetze ändern sich, Software wechselt, Prozesse wandern. Wer sich auf dem Wissensstand seiner Ausbildung ausruht, wird vom eigenen Beruf überholt, und zwar leise.

Neugier ist der bequemste Schutz: ein Fachartikel pro Woche, ein Seminar pro Jahr, eine ehrliche Frage pro Tag. Klingt wenig, summiert sich aber, und Summieren ist dein Kerngeschäft.

**PRAXIS-TIPP**

- Wöchentlich eine halbe Stunde für Fachliches blocken. Lesen zählt als Arbeit.
- Jedes Jahr eine neue Fähigkeit gezielt aufbauen, klein und konkret.

99

# Erinnere dich, warum es dich gibt

Ohne dich wüsste das Unternehmen nicht, ob es Gewinn macht oder schleichend untergeht. Löhne kämen zu spät, das Finanzamt würde unangenehm, Banken würden nervös.

Du bist das Frühwarnsystem, das Gedächtnis und das Gewissen des Ladens in einem. Das darf man sich an zähen Tagen ruhig laut vorsagen. Niemand hört es ja. Außer vielleicht der Drucker. Der hört alles.

**PRAXIS-TIPP**

- Den eigenen Beitrag einmal aufschreiben: Was passiert, wenn ich es nicht tue?
- Diese Liste bei Frust und vor Jahresgesprächen hervorholen.

100

# Gib dein Wissen weiter, bevor es Folklore wird

Vieles von dem, was du kannst, steht in keinem Handbuch: warum Konto 4980 so heißt, welcher Lieferant immer doppelt schickt, wo die Leiche im Anlagevermögen liegt.

Schreib es auf, erzähl es weiter, bilde aus. Wissen, das nur in deinem Kopf wohnt, macht dich nicht unersetzlich, sondern unentlastbar. Das ist ein Unterschied mit Folgen für deinen Urlaub.

**PRAXIS-TIPP**

- Pro Monat eine Besonderheit dokumentieren, kurz und auffindbar.
- Vertretung aktiv einarbeiten, nicht erst, wenn der Urlaub vor der Tür steht.

WEG NR. 101

TEIL 9 · DIE HOHE SCHULE DER GELASSENHEIT

101

# Und wenn alles brennt: Du hast Schlimmeres gebucht

Du hast Schuhkartons besiegt, Differenzen von 0,01 gejagt, Systemabstürze überlebt und Prüfern in die Augen gesehen. Was immer heute schiefgeht: Es reiht sich ein, es geht vorbei, es wird abgestimmt.

Das ist der letzte und wichtigste Weg: Vertrau deiner eigenen Bilanz. Auf der Habenseite stehen Jahre an gelösten Problemen. Diese Position wächst mit jedem Tag, und sie ist die einzige, die niemand stornieren kann.

**PRAXIS-TIPP**

- Tief durchatmen, Liste machen, oben anfangen. Funktioniert seit Erfindung des Papiers.
- Und danach: Feierabend machen. Du hast ihn verdient. Saldo: ausgeglichen.

ZUM SCHLUSS

# Schlussbilanz

101 Wege liegen hinter dir. Wenn auch nur drei davon hängen bleiben, hat sich dieses Buch gelohnt. Wenn du an einer Stelle geschmunzelt hast, sogar doppelt.

Die Wahrheit ist: Den täglichen Wahnsinn schafft niemand ab. Belege werden weiterhin knittern, Drucker werden weiterhin Angst riechen, und der Satz mit den paar Minuten wird weiterhin fallen. Was sich ändern kann, ist deine Haltung dazu. Und die hast du, anders als die Zahlungsmoral mancher Kunden, vollständig selbst in der Hand.

Also: Stapel begrüßen, Kaffee in Ruhe trinken, Feierabend ernst nehmen wie den Zehnten. Den Rest erledigst du, wie du alles erledigst. Gründlich, mit trockenem Humor und einer Geduld, von der die meisten Menschen nicht ahnen, dass es sie gibt.

Aktiva und Passiva dieses Buches gleichen sich hiermit aus. Saldo: null offene Posten. Buchungssatz: Gelassenheit an Alltag.

Mach es gut. Und denk dran: Am Ende geht jedes Konto auf. Manche brauchen nur etwas länger.

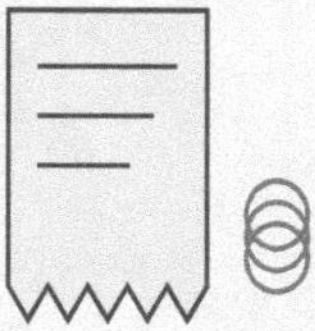

Dieses Buch wurde in Übereinstimmung mit den GPSR-Richtlinien der EU zur Sicherheit von Produkten erstellt.

Die Verordnung über die allgemeine Produktsicherheit ist der aktualisierte Rahmen der Europäischen Union, um sicherzustellen, dass alle Verbraucherprodukte, einschließlich Bücher, für Verbraucher sicher sind.

Dieses Buch wurde von CPI books GmbH gedruckt. Der Drucker hat Sicherheitszertifikate für die verwendeten Materialien wie Tinte, Papier und Kleber ausgestellt.

Die Produktkennung ist: 9789403908366

Der Autor ist für den Inhalt des Buches verantwortlich und hat das Buch von Bookmundo produzieren lassen.

Sollten Sie Fragen zur Sicherheit des Produkts haben, kontaktieren Sie uns bitte.

Bookmundo
Delftsestraat 33
3013AE Rotterdam
Die Niederlande
info@bookmundo.com

FSC
www.fsc.org
MIX
Papier | Fördert gute Waldnutzung
FSC® C083411

Kolibri 360 GmbH
Ferdinand-Jühlke-Straße 7
99095 Erfurt, Deutschland
produktsicherheit@kolibri360.de